DON
BOSCO

Gabi Scherzer

5 Minuten Kreativität

zur Frühlings-
und Osterzeit

Kleine Geschenke
zu Ostern
und Muttertag

DON
BOSCO

Gabi Scherzer
ist Kunst- und Religionspädagogin. Aus ihrer langjährigen Erfahrung an
den Fachakademien für Sozialpädagogik in Regensburg und Schwandorf
und mit kreativen Projekten in verschiedenen sozialen Einrichtungen ent-
wickelt sie ihre Bücher. Als freischaffende Künstlerin und Autorin hält sie
Seminare und Team-Fortbildungen zu ihren Büchern und auch zu Erzähl-
schiene und Kamishibai.
www.gabi-scherzer.de

Gerne nehmen wir Ihre Anregungen, Wünsche, Kritik oder Fragen entgegen:
Don Bosco Medien GmbH, Sieboldstraße 11, 81669 München
anregungen@donbosco-medien.de
Servicetelefon (0 89) 4 80 08-3 41

Bibliografische Information der Deutschen Nationalbibliothek

Die Deutsche Nationalbibliothek verzeichnet diese Publikation
in der Deutschen Nationalbibliografie; detaillierte bibliografische
Daten sind im Internet über http://dnb.d-nb.de abrufbar.

1. Auflage 2018 / ISBN 978-3-7698-2336-3
© 2018 Don Bosco Medien GmbH, München
www.donbosco-medien.de
Umschlag und Layout: ReclameBüro, München
Fotos: Gabi Scherzer
Satz: Don Bosco Medien GmbH, München
Produktion: Don Bosco Druck & Design, Ensdorf

Gedruckt auf umweltfreundlichem Papier

Inhalt

Komm doch, lieber Frühling

Es blüht

Es grünt

Es fliegt

Komm doch, lieber Frühling

Komm doch, lieber Frühling,
lieber Frühling, komm doch bald herbei.
Jag den Winter, jag den Winter fort
und mach das Leben neu!

So heißt es in einem Frühlingslied. Zwischen dem Winter und dem Sommer liegt das Frühjahr und es kündigt sich nach der langen grauen Winterzeit mit vielen Grüntönen an. Das neue grüne Gras und die ersten zarten grünen Blätter erfrischen unsere Augen und unser Gemüt. Bildnerisch gesprochen heißt das, wenn die warme, gelbe Sonne auf das kalte Winterblau trifft, dann siegt das Frühlingsgrün! Deshalb fängt dieses Buch auch mit **Es grünt** an. Hier dürfen unter anderem blau und gelb auf dem Papier miteinander ringen und zur Freude aller eine ganz neue Farbe – das Frühlingsgrün hervorzaubern.

Schnell kommen dann die Gänseblümchen, Veilchen, Krokusse, gelben Löwen-zahnwiesen und in vielen Farben leuchtende Tulpen dazu. Nach dem ersten Früh-lingsgrün wird es also bunt bis hin zu den rosafarbenen Apfelblüten. Deshalb heißt

das zweite Kapitel auch **Es blüht**. Der Blütenduft zieht natürlich auch die ersten Bienen und Schmetterlinge an. **Es fliegt** bildet das dritte Kapitel mit einer Schmetterlingswerkstatt zum Schluss, die eine kleine Ideensammlung zu diesem so beliebten Tier darstellt.

In dieses Frühlingserwachen fallen viele Feste. Was liegt also näher, als die jahreszeitlichen Eindrücke auch als Gestaltungsidee für Ostern oder Muttertag zu nutzen: Grünes Gras für Osterkarten und Eiergestaltung und bunte Blumen jeglicher Art für die Mama. Und wer bekommt noch etwas davon?

Natürlich wird das Grün und Bunt auch ins Zimmer geholt. Fenstergrün und Riesen-Ei und einige andere Gestaltungsideen sind genau dafür gedacht.

Nun wünsche ich allen offene Augen für den Frühling und einen frischen Frühlingswind, der die Lust am grünen und farbigen Gestalten weckt.

Grün siegt!

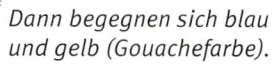

Dann begegnen sich blau
und gelb (Gouachefarbe).

Verschiedene Leinwandformate in
Gruppenarbeit zunächst nur mit
Kleister bestreichen.

Später werden alle Leinwände zu einer
großen Wiese zusammengefügt.

Möglichst beidhändig arbeiten.
Verschiedene Werkzeuge erkun-
den: unterschiedliche Spachteln,

geknülltes Papier, Gabeln,
Kämme ...

... und natürlich die Hände.
Sinneserfahrung pur!

Bommelblumen-Osternest

Nach zwei Tagen sprießt schon das erste Grün.

Weizenkörner auf Blumenerde streuen, gießen und aufs sonnige Fensterbrett stellen.

Für die Bommelblumen zunächst einen einzelnen Faden ca. 10 cm durch die Mitte der Gabel hängen. Dann die Zinken umwickeln.

Jetzt oben einen festen Knoten mit dem einzelnen Faden machen.

Mit einer guten Schere auf beiden Seiten aufschneiden.

Ggf. noch etwas außenherum schneiden und die Form verbessern. Auf Schaschlikspießen die Blumen ins Osternest stecken.

13

Was wächst denn da?

*Immer „weg von mir"
schnitzen.*

1 *Frische Äste abschälen oder
Muster einschneiden.*

3 *Mit Buntstiften Schildchen malen
und laminieren.*

4 *Schilder an die Stöckchen
binden.*

5 *Samenreihen säen bzw. Pflänzchen
setzen, z. B. im Hochbeet, und
Schildchen jeweils dazustecken.*

Es grünt

Gras-Eier

1

*Zum ersten Mal wieder
Rasen mähen. Eine Idee:*

2

*Hühnerei mit Kleister bestreichen
und in einer Schachtel mit Gras
rollen. Schleife dran, fertig!*

3

*Und noch eine Idee:
Die langen Halme vom
Wegesrand fest zusam-
mendrücken. Eine Hand-
voll reicht.*

4

*Und dann mit bunter Wolle
das Gras-Ei umwickeln.*

5

*Fertig sind die Eier
für die Ostertafel.*

Zartes Fenstergrün

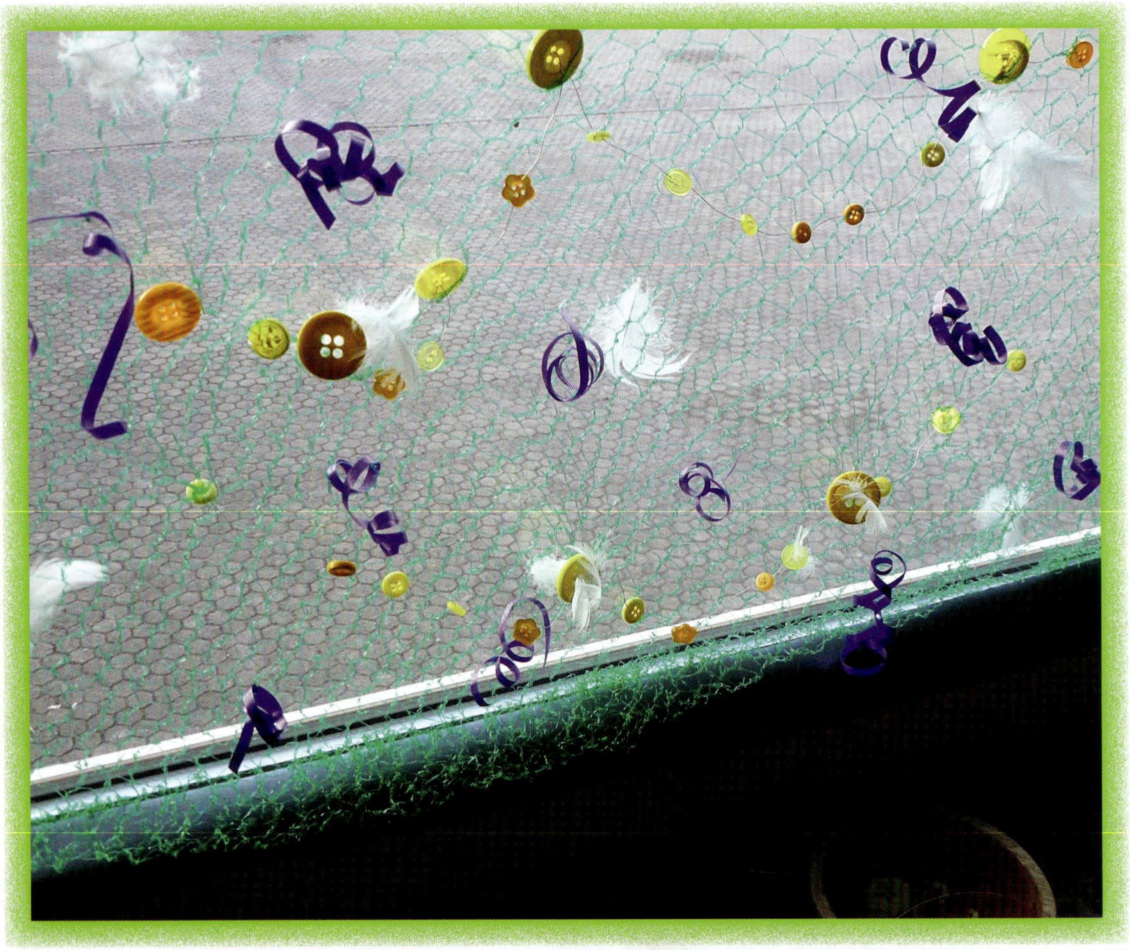

Für die Veilchen etwa 15 cm lange Stücke violettes Geschenkband abschneiden und über die Schere oder ein Lineal ziehen.

Veilchen-Kringel durch das Netz fädeln.

Den ersten Frühling holen wir ins Zimmer: ein grünes Baumnetz wird mit Panzertape auf einen Fensterrahmen in Kinderhöhe geklebt.

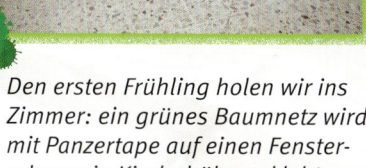

Die Winterlinge oder der erste Löwenzahn machen Garten und Wiese gelb.

Auf einen ca. 20 cm langen Silberdraht ein paar kleine gelbe Knöpfe fädeln.

Das gelbe Blumenband in das Netz knöpfen. Mit kleinen weißen Federn noch Gänseblümchen einstecken (Foto S. 18).

Das Riesen-Ei oder Fensterblumen

2

Zur Tüte falten und ...

1

*Ähnlich wie die Schneeflocken:
Faltpapierquadrat vierteln und
eine Eierform schneiden.*

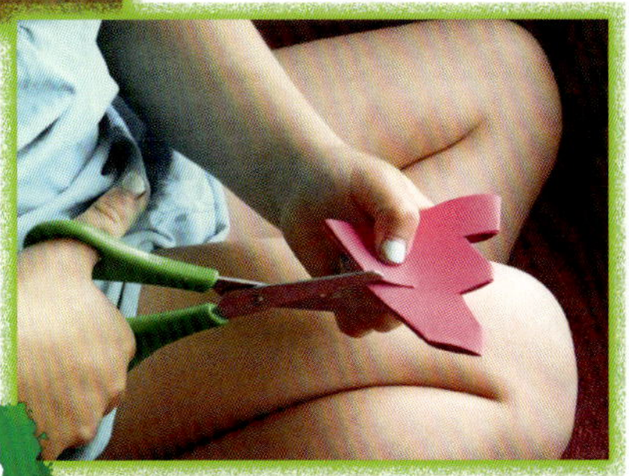

3

... dann Muster einschneiden.

4

*Aus vielen Eiern wird ein Riesen-Ei
am Fenster. Kleine weiße Eier füllen
die Lücken.*

5

*Einfaches Gras aus
Tonpapier herstellen.*

6

*Oder die Papierschnitte als
Blumenreihe arrangieren.
Grashalme mittig falten und
einschneiden.*

21

Im grünen Gras

2

Beides mit dem Pinsel zu einem großen „dünnen" Hintergrund verstreichen und mit dem Finger etwas einzeichnen, das wir auf der Frühlingswiese entdeckt haben.

1

Wäschestärke (oder Kleister) und einen Klecks grüne Wasserfarbe auf den Tisch tropfen.

3

Papier darauflegen, leicht ansaugen lassen und wieder abziehen. Wow!

5

4

Nach mehreren Versuchen wagen wir uns an eine Gemeinschaftsarbeit.

Einen Wiesenstreifen über mehrere Tische anlegen, Motive einzeichnen und auf eine lange Bahn abdrucken.

6

Das ist unsere Frühlingswiese. Nach dem Trocknen kann sie z. B. noch mit bunten Schmetterlingen verziert werden (S. 59).

Für die grüne Wiese

2

In eine kleine Plastikschüssel etwa 5 cm Wasser füllen und einige Marmorierfarben eintropfen.

1

Jeder kennt es: Eier marmorieren. Im gleichen Zuge werden noch alte CDs (aus der Schublade oder vom Recyclinghof) für die erste grüne Frühlingswiese marmoriert.

3

Mit dem Zahnstocher vorsichtig Spuren ziehen.

5

Nach dem Trocknen hinten mit doppelseitigem Klebeband einen Fruchtzwergbecher aufkleben und diesen mit einem Schlitz versehen.

4

Die alte CD mit einer Wäscheklammer halten und die silberne Seite einmal eintauchen.

6

Holzstäbe (aus dem Baumarkt) evtl. mit Wasserfarbe grün färben. Dann in den Kelch mit der Blüte stecken. Im Garten oder in einem Sandkübel arrangieren.

Glitzergras für Oma

2

Die Alufolie fest um die „Köpfe" herum-wickeln, andrücken.

1

Blühendes Gras mit großen „Köpf-chen" pflücken und Alustücke reißen. Vorsicht: Stücke nicht zu klein reißen!

3

Einen Halm nach dem anderen zum Glitzern bringen.

4

Fertig ist der Silberstrauß – der ewig blüht.

5

Vereinzelt noch Halme mit einer Perle als Farbkleckse verzieren.

Fensterchen auf fürs erste Bunt

2
In der Mitte Bastelkleber aufbringen.

Direkt auf der Wiese im Garten das erste Bunt zupfen und aufkleben.

3

1
Eine Butterbrotpapiertüte mit ein oder zwei Fensterflügeln verse-hen und diese aufklappen.

4
Unterschiedliche Farb-gestaltungen anfertigen.

5
Vielleicht darf man bei großen Blumen vorsichtig ein Blütenblatt abzupfen? Das reicht aus für die kleine Gestaltungsfläche!

Graskarten

2 Auf ein oder mehrere Holzbretter ein Herz bzw. die gewünschte Ziffer mit Gras streuen.

1 Das frisch gemähte Gras brauchen wir heute für Zahlen und andere Festtagsmotive.

3 Wiesenblumenköpfe sammeln.

4 Jede Zahl schmücken wir mit anderen Farben.

5 Dann werden die Zahlen fotografiert ... und als Geburtstagskarte verwendet.

6 3, 4, 5 ... Weißt du, wofür wir die 0 brauchen? Richtig: als Oster-Ei-Karte!

Weil ich dich mag!

Löwenzahnköpfe werden gesammelt und gemeinsam zu verschiedenen Motiven gelegt.

1 *Ende April gibt es genau eine Woche, in der die Wiesen richtig gelb werden – voller Löwenzahn. Da gehen wir zusammen auf die Wiese.*

Nun wird jedes einzelne Bild fotografiert.

3

4 *Oft entstehen auch verschiedene Kreisbilder oder einfach eine lange Schlange.*

5 *Zügig fotografieren, da die Blüten schnell welken.*

6 *Mitgebrachte Blumen werden auf dem Hof zu Bildern gelegt. Welches Motiv verwenden wir als Muttertagskarte?*

35

Bunte Blumenwiese

2 Farbpalette auf flachen (Papp-) Tellern vorbereiten.

1 Verschiedene Toilettenpapier-
rollen unterschiedlich breit
einschneiden.

3 Los geht's.

4 Für die Blütenmitte kann man
auch Plastikbecher mit Noppen-
folie umwickeln.

5 Wenn die Toilettenpapier-
rolle durchweicht ist, wird
sie einfach gekürzt und
wieder neu eingeschnitten.

6 Und dann erstellen alle
gemeinsam noch ein Blumen-
fries für den Gang.

Blumen weben

2

Nach dem Trocknen 5 Schlitze
(ungerade Zahl!) links und
rechts einschneiden.

3

Paketschnur straff herumwickeln.

1

Viereckige Pappteller grün
bemalen.

4

Nach einem Frühlingsspazier-
gang eine Wiesenblume nach
der anderen einweben.

5

Mit der Schere die Stiele
an der Webkante abschnei-
den. GGf. an den Ecken des
Papptellers Schnüre zum
Aufhängen befestigen.

6

Fertig! Und wer bekommt jetzt
den lieblichen Blumengarten,
der auch getrocknet noch
wunderschön aussieht?

Ein Herz für dich

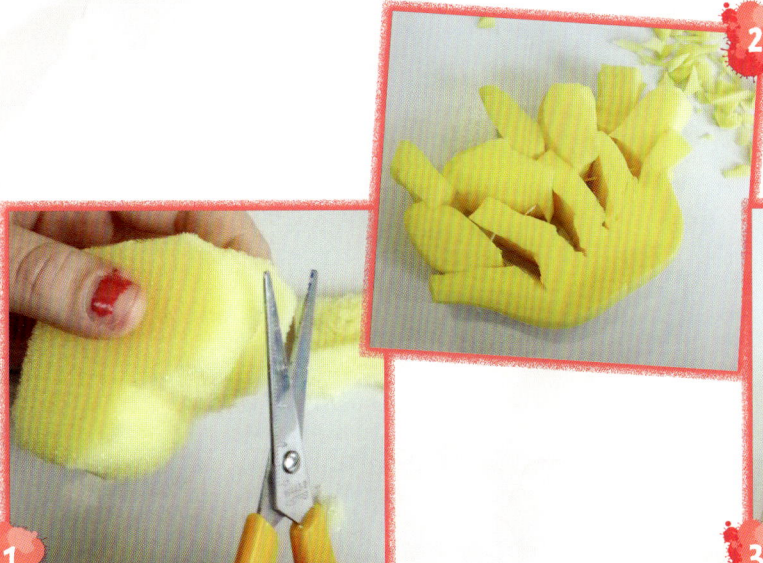

Diese kann noch durch Ankleben mit Flüssigkleber ...

1 Den Haushaltsschwamm in eine gewünschte Grundform schneiden.

3 ... oder Anstecken mit Zahnstochern verziert werden.

4 Objekt einfarbig in der Lieblingsfarbe anmalen oder (mit Gummihandschuhen) in Farbe tauchen, ausdrücken.

5 Aus farbigem Aludraht einen Spiralständer formen oder einen Holzstab verwenden ...

6 ... und die Skulptur darauf befestigen, bis alles stabil steht. Übrigens hat Ives Klein* ähnliche Objekte kreiert.

* Ein Künstler der Moderne (s. auch „5 Minuten Kreativität im Kindergarten", S. 16–19)

Alles rosa

Dann kommen die grünen Blätter. Mit verschiedenen (Gemüse- oder Spül-)Bürstchen wird Grün über die Äste gestempelt.

Erst sind die Bäume noch ganz kahl. Der Apfelbaum wird mit Kreide auf ein hellblaues Tonpapier gezeichnet.

Und schließlich entdecken die Kinder die ersten rosa-weißen Apfelblüten.

Wie macht man eigentlich die Farbe Rosa?

Und dann wird alles rosa!

„Unter den Apfelbäumen", Ölbild, Gabi Scherzer 2009

43

Ein Kaffeefilterblumenstrauß für Mama

Weiße Kaffeefiltertüten (Gr. 102) unterschiedlich falten und mit Wäscheklammern festzwicken.

Intensive Ostereierfarbe mit wenig Wasser herstellen.

Die Enden in verschiedene Farbbäder tauchen.

Etwas abtropfen lassen, noch feucht vorsichtig öffnen – staunen!

Nach dem Trocknen ggf. bügeln und dann unten verdrehen.

Etwas Flüssigkleber auf die Spitze tropfen und jede Filtertüte in einen Strohhalm stecken.

Herzige MalerEi

2

... viele Eier auf der Wiese.

1

Mit einem schwarzem Marker auf DIN A4, A5 oder A6 ein Motiv in Wiederholung gestalten, z. B. lauter Blumen oder ...

3

Oder große und kleine geschmückte Herzen zeichnen – für den Muttertag.

4

Krepppapier ganz dicht rollen und mit Tesakrepp umwickeln.

5

Diese (Krepppapier-)Pinsel in wenig Wasser tauchen und das Blatt damit bunt färben.

6

Die Pinsel können einfach verkürzt werden, wenn sie „schlapp machen".

Unterwegs: Wiesenkränzchen und Blumenschiffchen

Wiesenblumen
hineinstecken.

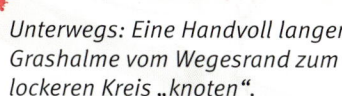

Unterwegs: Eine Handvoll langer
Grashalme vom Wegesrand zum
lockeren Kreis „knoten".

Sieht auch getrocknet, lange nach dem
Spaziergang, noch sehr apart aus.

... Blümchen auf der Innen-
seite arrangieren.

Oder unterwegs: Dunkle
Rindenstücke sammeln und ...

Kann man das Blumen-
schiffchen vielleicht gleich
irgendwo schwimmen
lassen?

49

Es fliegt

Es fliegt

Fantasievogel

Luftballon mit Kleister und Zeitungspapier (Pappmaschee) umhüllen.

Farbiges Schmuckpapier z. B. Kleister-technik oder Monotypie herstellen und getrocknet in Stücke reißen.

Schnabel aus Eierkarton „anbauen". Ggf. auch einen extra Kopf (Ballon) integrieren.

Vogel nun mit den Schmuck-papierstücken bekleben. Nach dem Trocknen mit Federn usw. verzieren.

Zwei Stöcke als Beine anfügen und dann am besten in einen Blumentopf mit Sand stecken. „Fußalternativen" siehe Fotos.

Die Amsel – ein Gedicht

Die Handfläche der schwachen
Hand wird zum Baum mit Nest.

Mit Schminkfarben die Hände
und einen Arm bemalen.

Mit dem Schwämmchen geht die
Bemalung ganz leicht.

**Im Garten steht ein hoher Baum,
trägt ein Nest, man sieht es kaum.
Die Amsel hat das Nest erbaut,
sitzt darin und zwitschert laut.
Fliegt dann wieder weiter,
sucht Futter, flink und heiter.**

Gabi Scherzer

Die rechte bzw. starke Hand
wird zur Amsel.

Erst sitzt sie im Nest und zwitschert (Foto S. 54), dann fliegt
sie davon: mit den drei äußeren
Fingern „winken". Das muss
etwas geübt werden.

Dein (B-)Engel

Je nach Tafelgröße können
bis zu vier Kinder gleich-
zeitig arbeiten.

Zu zweit werden Flügel entwor-
fen und an der Tafel mit Kreide
gestaltet.

Bei schönem Wetter findet
die Aktion mit Straßen-
kreiden im Hof statt.

Fotoshooting: Kinder zwischen
die Flügel platzieren.

Ggf. den Kindern
bestimmte (Lieblings-)
Gegenstände in die
Hand geben.

Zur Karte weitergestalten oder
der Mama als neues Profilbild
digital übermitteln.

Schmetterlingswerkstatt

DIN-A4-Blatt falten und wieder öffnen. Auf eine Seite Kleckse aufbringen, zusammenklappen, öffnen, staunen.

Wasserfarbe kräftig, aber flüssig anrühren für den Klatschdruck.

Nach dem Trocknen mit Schwarz die Linien, Muster nachfahren.

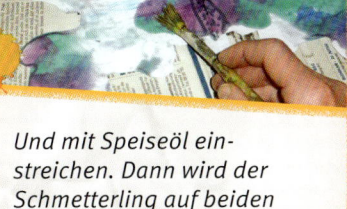

Und mit Speiseöl einstreichen. Dann wird der Schmetterling auf beiden Seiten farbig …

Ausschneiden. Kann z. B. auf die grünen Wiesenstreifen geklebt werden (S. 21).

… und ist am Fenster von innen und von außen bunt.

Und noch mehr Schmetterlinge

1 *Tortenspitze* mit Filzstiften bemalen.

Falten oder raffen und mit einer farbigen Wäscheklammer zusammenzwicken.

Als Körper kann auch eine Holzklammer mit Filzstiften bemalt werden.

2 *Alufolie* mittig raffen ...

... und Flügel knittern bzw. formen ...

3

Kleine, weiße **Kaffeefiltertüten** mit Filzstiften bemalen, dann befeuchten und zuschauen, wie die Farben verlaufen.

Nach dem Trocknen die Seiten mit der Schere öffnen, zusammenraffen und ...

... Pfeifenputzer oder Wäscheklammer als Körper verwenden.

Fortsetzung auf der nächsten Seite.

Evtl. einen zweiten Flügel falten und in eine alte Holzklammer schieben.

4

Ein farbiges **Papierquadrat** mit der Ecke beginnend als Ziehharmonika falten.

Das geht natürlich auch zweifarbig und mit Pfeifenputzer.

5

Zwei **Perlenreihen** auf Blumendraht fädeln und dann zum Kreis schließen.

Die Flügel an einer dicken Schraube befestigen.

6

*Trocken- oder Nassfilzen mit **Märchenwolle**.*

7

*Aus **Fliesenresten** ein Mosaik mit Fliesenkleber an eine Wand kleben.*

Wer Schmetterlinge lachen hört,
der weiß, wie Wolken schmecken.
Der wird im Sonnenschein ganz ungestört
den Frühling neu entdecken.

nach Novalis (1772–1801)

Kunst und Kreativität mit Gabi Scherzer